DINOS BD

TRICÉRATOPS

LE DINOSAURE AUX TROIS CORNES

Texte : Rob Shone ■ Illustrations : Terry Riley et Geoff Ball

casterman

Édition originale

Publié par The Rosen Publishing Group sous le titre : *Triceratops, three horned dinosaur*.

Création et production : David West Books
Conseiller scientifique : Steve Parker, société zoologique de Londres.
Crédits photographiques : 5h Adam Hart Davis. 5m et 30 Witte Museum.

Édition française

www.casterman.com

Traduction : Valentine Palfrey
Adaptation graphique : Céline Julien

ISBN 978-2-203-06187-3
N° d'édition : L.10EJDN001104.N001

Dépôt légal : septembre 2012
D. 2012/0053/357

Déposé au ministère de la Justice, Paris
(loi n°49.956 du 16 juillet 1949 sur les publications destinées à la jeunesse).

Imprimé en Chine.

SOMMAIRE

QU'EST-CE QU'UN TRICÉRATOPS ?

TRICÉRATOPS SIGNIFIE « TÊTE À TROIS CORNES »

- *Le tricératops vit vraisemblablement en troupeau.*
- *Ses pattes sont robustes afin de pouvoir supporter son énorme poids.*
- *La collerette qui protège son cou est faite d'os.*
- *Le tricératops a une bonne vue, il entend bien et possède un excellent flair, ce qui lui évite bien des dangers.*

- *Les cornes au-dessus de ses yeux mesurent jusqu'à 1 m de long.*
- *Avec son bec semblable à celui d'un perroquet, il coupe les tiges et arrache les racines.*
- *Ses coudes et ses genoux pointent légèrement vers l'extérieur, l'empêchant de courir très vite.*
- *Ses dents du fond réduisent les aliments durs en petits morceaux faciles à avaler.*

LE TRICÉRATOPS EST UN DINOSAURE QUI A VÉCU À LA PÉRIODE DU CRÉTACÉ, VOILÀ 70 À 65 MILLIONS D'ANNÉES. DES FOSSILES DE SON SQUELETTE ONT ÉTÉ EXHUMÉS EN AMÉRIQUE DU NORD.

À l'âge adulte, il mesure jusqu'à 8 m de long et 3 m de haut. Il pèse 9 tonnes.

La plupart des fossiles sont incrustés dans la pierre. Ce fossile de corne de tricératops a été retrouvé enchâssé dans le sol du désert.

CORNES

La tête du tricératops est particulièrement impressionnante : elle mesure près de 2 m de long et est dotée de trois cornes : une au-dessus de son museau, une au-dessus de chaque œil – ces dernières atteignant 1 m de long chez les adultes. Ces piques osseuses à l'extrémité pointue sont recouvertes de corne. Ce sont des armes redoutablement efficaces en cas d'attaque.

COLLERETTE

La collerette osseuse qui orne le cou du tricératops le protège des morsures de ses ennemis. Elle est sans doute colorée par endroits, ce qui permet aux tricératops de repérer « qui est qui » dans la horde.

Tout comme le tricératops, le rhinocéros d'Afrique a des cornes plantées sur sa tête, mais le tricératops pèse jusqu'à cinq fois plus lourd qu'un rhinocéros.

CHAPITRE I
UNE NAISSANCE
Ce gros lézard s'apprête à tenter sa chance. Les œufs de tricératops feraient un bon repas, mais les parents surveillent le nid.
Les tricératops ignorent qu'ils sont espionnés.

Profitant d'un moment d'inattention, le lézard rampe doucement vers le nid.
SZZAAAHHHH !
Il vole un œuf, mais n'a pas le temps de le dévorer...

Maman Triceratops l'a repéré… juste à temps !
BROOAAARR !!!
Elle rugit pour alerter le reste du groupe.

Le gros lézard détale pour échapper aux tricératops en colère.
ROOARR !
ROOARR !
Tandis qu'il s'enfuit, l'œuf qu'il a laissé tomber se met à bouger.
KRIKK
KRIKK
KRAKK
L'œuf qui se craquelle attire l'attention des dinosaures.
ARRRKK !
Un minuscule tricératops est accueilli par sa famille, ignorant qu'il a bien failli être dévoré quelques instants plus tôt...

CHAPITRE 2

PERDU !

Les tricératops vivent en compagnie d'autres dinosaures, en particulier de paisibles herbivores géants, comme Alamosaurus au cou immense ou Parasaurolophus et sa longue crête.

Des dinosaures de taille plus modeste sont également présents : Stegoceras au crâne en dôme épais et Ornithomimus à la mâchoire en forme de bec. Les tricératops ne s'en préoccupent pas.

Il y a pourtant des voisins très dangereux. Deux dromæosaures, des carnivores, observent le jeune tricératops. Ils patientent avant de passer à l'attaque.

Et voici deux ankylosaures qui s'approchent des tricératops en plein repas.
BROOARRKKK !
Ce ne sont pas des carnivores, mais leur queue-massue pourrait blesser le petit tricératops. Pourtant, ils ne s'attardent pas car les tricératops adultes secouent leur énorme tête en rugissant.
Le jeune tricératops a échappé à la surveillance du troupeau.
Soudain...

SHHLUMPH!!
Il est tombé au fond d'un ravin étroit. Il appelle les adultes, mais personne ne lui répond.
OUARRKK !
Il est cerné par une forêt sombre et épaisse, un monde qu'il ne connaît pas. Les arbres renvoient l'écho de cris d'animaux...
KEE! KEE! KEE!
... tandis que des insectes et des lézards rampent sur le sol de cette jungle menaçante.
CRACK!
SNAP!
Le tricératops entend un bruit. Quelque chose s'approche...

Il se cache. Il n'ose pas bouger.
Le bruit se rapproche...
... de plus en plus près.
Un Didelphodon surgit. Ce n'est pas un dinosaure, mais un mammifère primitif.
WAARRRKKARRRK!!
CRREEK!!
Les deux animaux sont surpris.

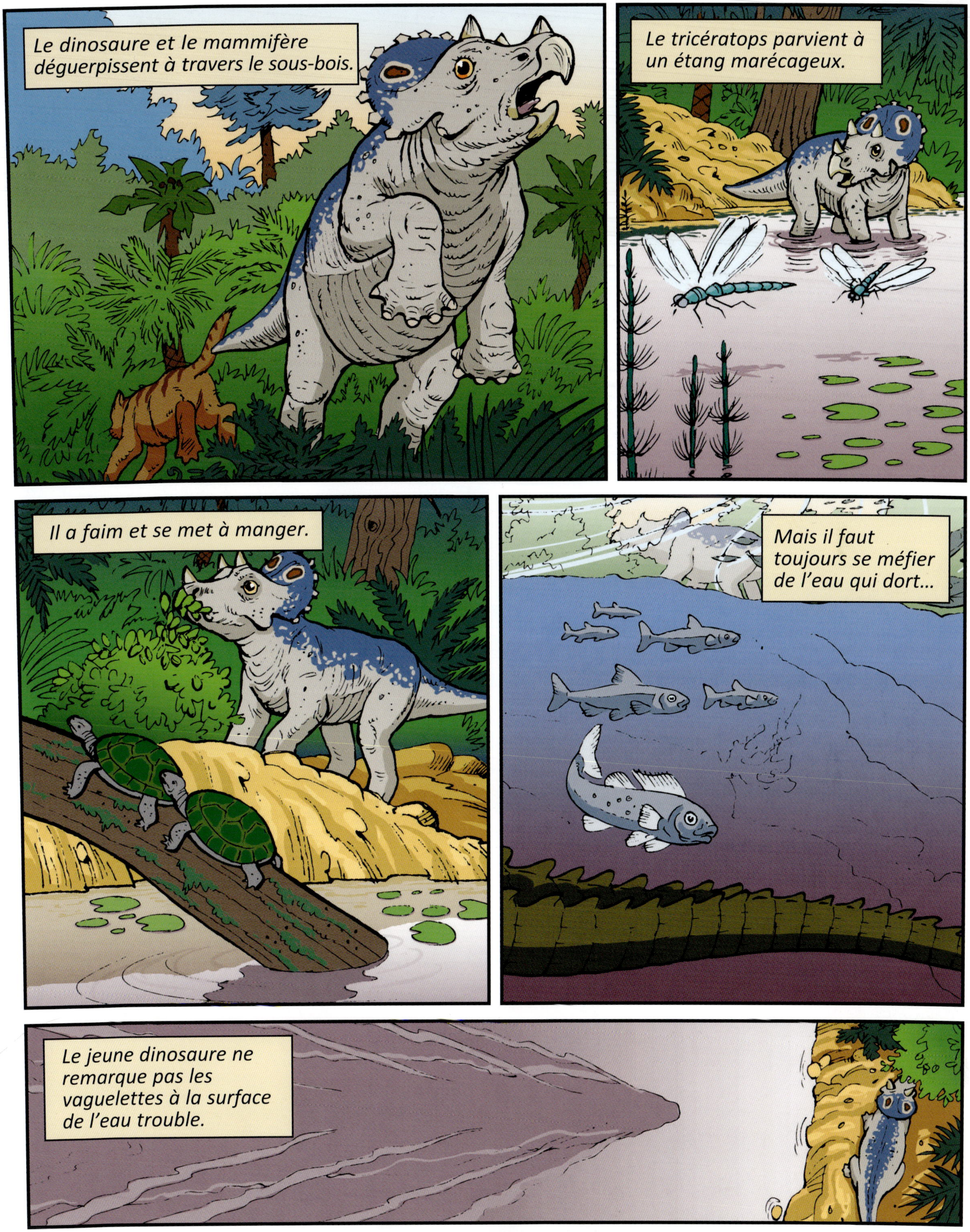
Le dinosaure et le mammifère déguerpissent à travers le sous-bois.
Le tricératops parvient à un étang marécageux.
Il a faim et se met à manger.
Mais il faut toujours se méfier de l'eau qui dort...
Le jeune dinosaure ne remarque pas les vaguelettes à la surface de l'eau trouble.

GNNAASHHHHKKH!!
Les mâchoires gigantesques du crocodile manquent le tricératops de quelques centimètres !

Elles se referment une seconde fois, mais le dinosaure s'est sauvé…
… et court à travers la jungle épaisse.
OUARRK!
Soudain, il émerge de la forêt obscure.
OUARRK!
Le troupeau est tout proche, dans la plaine. Le petit l'aperçoit : il pousse un cri et se précipite vers les adultes. Dorénavant, il ne les quittera plus d'un pas !

CHAPITRE 3

L'ÉBOULEMENT

Il conduit la horde au pied d'une falaise. Une avancée rocheuse les protégera de la pluie.
Deux Thescelosaurus sont déjà là. Ils s'esquivent à l'approche du groupe.
La pluie redouble. Des pierres et de la terre détrempée se détachent du sommet de la falaise.
Bientôt, de gros blocs dégringolent de la paroi.
Au lieu de protéger les tricératops, la falaise menace de les écraser.

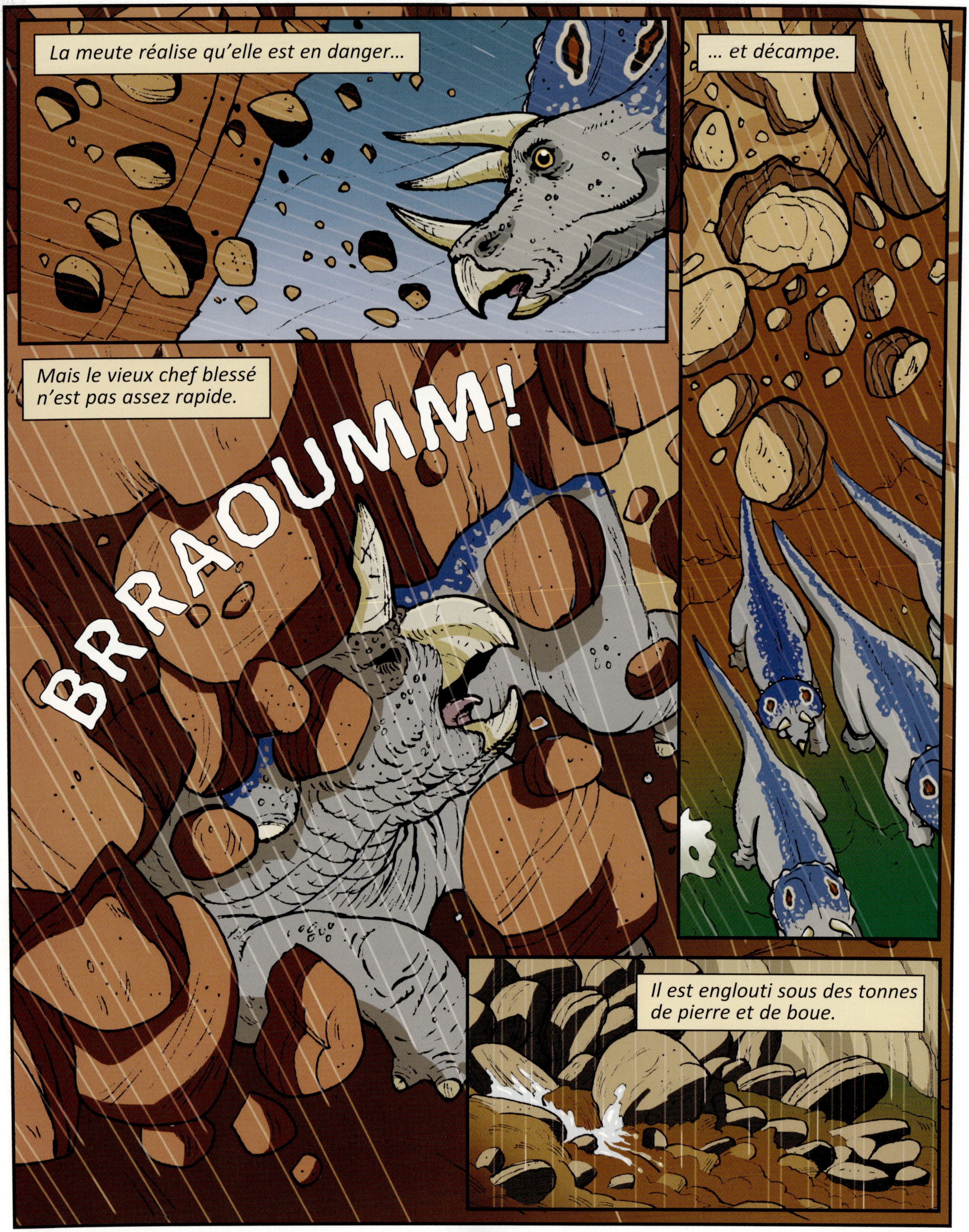
La meute réalise qu'elle est en danger...
... et décampe.
Mais le vieux chef blessé n'est pas assez rapide.
BRRAOUMM!
Il est englouti sous des tonnes de pierre et de boue.

Enfin, au bout de plusieurs jours, la pluie s'arrête. Les tricératops se réchauffent. Les plus jeunes jouent « à la bagarre ».
BOUM!
Ils observent les adultes. Ces derniers ne mangent pas, ils se sont rassemblés.
ARRKK!
Ils se choisissent un nouveau chef. Ce sera le mâle le plus fort du troupeau. Les mâles rugissent et secouent leur collerette pour montrer leur puissance à leurs rivaux.
ROAARRR!

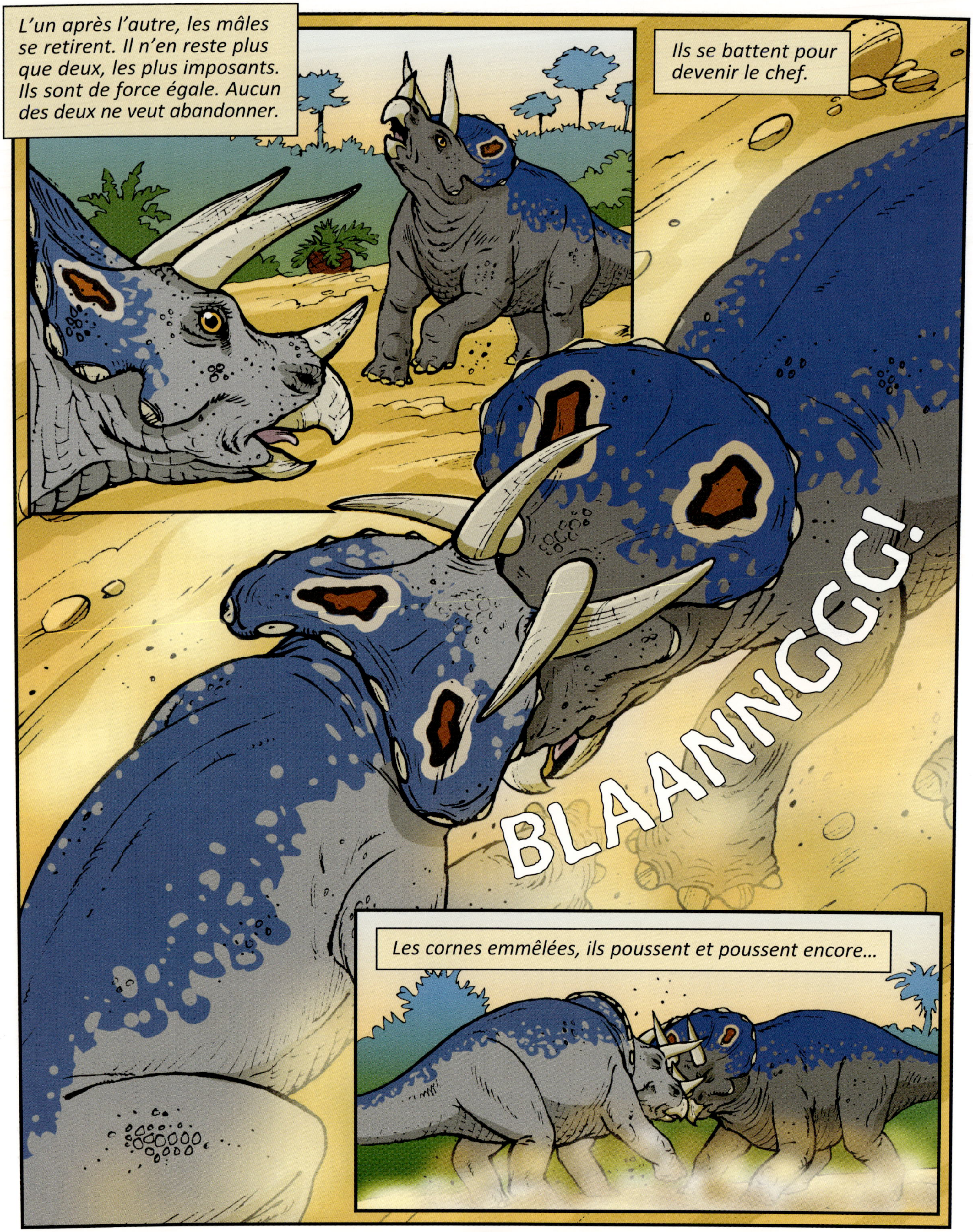
L'un après l'autre, les mâles se retirent. Il n'en reste plus que deux, les plus imposants. Ils sont de force égale. Aucun des deux ne veut abandonner.
Ils se battent pour devenir le chef.
BLAANNGGG!
Les cornes emmêlées, ils poussent et poussent encore…

GRROOAR!!
C'est à celui qui saura se montrer le plus fort.

Finalement, l'un des deux adversaires se retire du combat.

BRROOAAARRR!
Le vainqueur mugit pour annoncer à la cohorte qu'elle a un nouveau chef.

CHAPITRE 4

POURCHASSÉS !

Le Daspletosaurus garde volontairement ses distances.
Les tricératops ne prennent aucun risque. Les mâles adultes se placent à l'arrière afin de surveiller le carnivore.
MWAAAAURRR!
Le petit tricératops est au milieu de la horde. Il a maintenant huit ans et mesure près de quatre mètres de long. C'est encore un jeune animal.
Surgissant soudain de leur cachette...
HZARRKH!
... trois petits dasplétosaures se précipitent sur le chef. Les tricératops sont tombés dans un piège. Ils s'alignent, présentant ainsi un mur de cornes.

Les jeunes daspletosaures ne sont pas de taille à lutter contre des tricératops...
Mais ils n'en ont pas fini pour autant.
Un autre daspletosaure jaillit des arbres. C'est le plus gros d'entre eux.
GRRAHH!
Il a choisi sa victime : un jeune tricératops laissé sans surveillance. Il n'en fera qu'une bouchée.
Daspletosaurus s'approche de sa proie.

Pendant ce temps, un petit dasplétosaure...
... s'est faufilé entre les tricératops adultes.
Il repère le jeune tricératops...
GNARRRSK!
... et se lance à sa poursuite.
Le tricératops, paniqué, court aussi vite qu'il le peut...
ARRKKK!
... sans regarder devant lui.
Et puis...

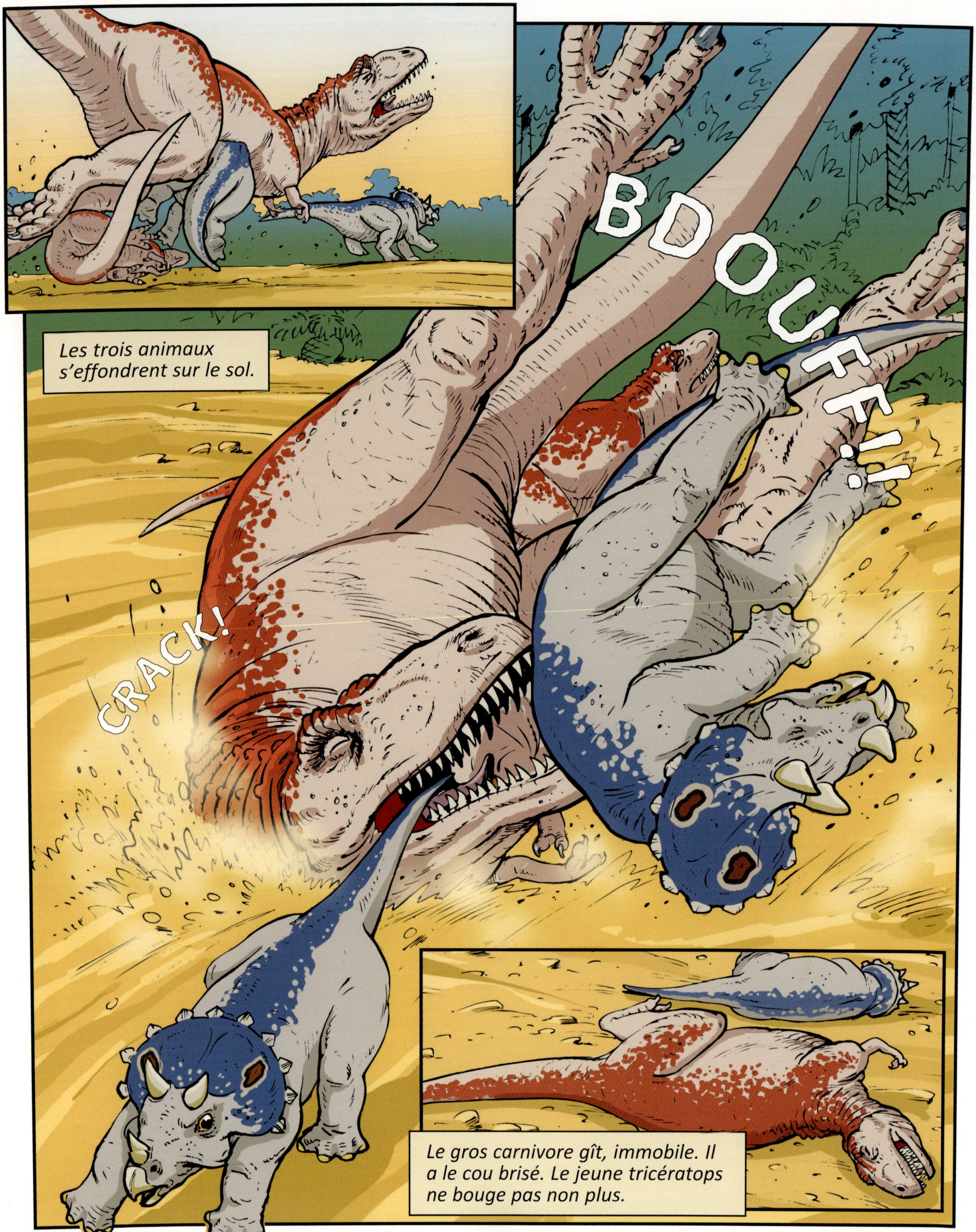
Les trois animaux s'effondrent sur le sol.
BDOUFF!!
CRACK!
Le gros carnivore gît, immobile. Il a le cou brisé. Le jeune tricératops ne bouge pas non plus.

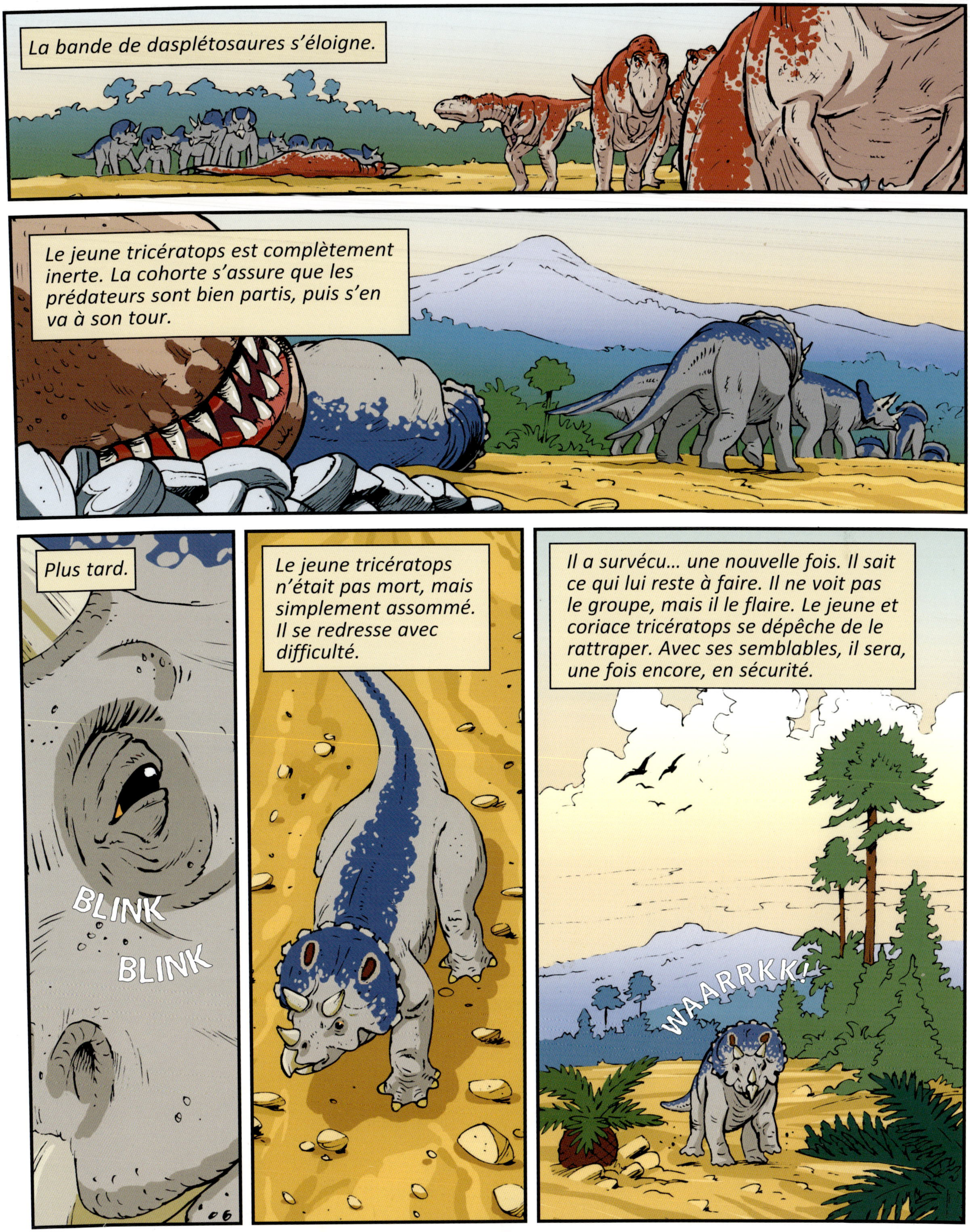
La bande de daspIétosaures s'éloigne.
Le jeune tricératops est complètement inerte. La cohorte s'assure que les prédateurs sont bien partis, puis s'en va à son tour.
Plus tard.
BLINK
BLINK
Le jeune tricératops n'était pas mort, mais simplement assommé. Il se redresse avec difficulté.
Il a survécu... une nouvelle fois. Il sait ce qui lui reste à faire. Il ne voit pas le groupe, mais il le flaire. Le jeune et coriace tricératops se dépêche de le rattraper. Avec ses semblables, il sera, une fois encore, en sécurité.
WAARRKK!

LES SECRETS D'UN FOSSILE

C'EST EN ÉTUDIANT DES FOSSILES QUE LES SCIENTIFIQUES ONT DÉCOUVERT À QUOI RESSEMBLAIENT LES DINOSAURES. UN FOSSILE EST UN VESTIGE DE PLANTE OU D'ANIMAL QUI S'EST PÉTRIFIÉ, SOUS TERRE, AU FIL DE MILLIONS D'ANNÉES.

Les os fossilisés d'un dinosaure nous renseignent sur son apparence et sur sa taille. Ils dévoilent parfois son mode de vie. Un crâne fossilisé de tricératops portant des traces de griffures sur la collerette a permis aux scientifiques de déterminer que ces marques étaient dues aux cornes situées au-dessus des yeux d'un autre tricératops et de comprendre que ces dinosaures luttaient les uns contre les autres.

Les chercheurs ont également examiné l'intérieur des crânes. D'après la taille de cavité, ils déduisent la taille du cerveau et l'intelligence du dinosaure. C'est ainsi que l'on sait que tricératops était doté d'un excellent flair et d'une bonne vue et qu'il était un dinosaure d'une intelligence moyenne.

LA GRANDE PARADE

TOUS CES ANIMAUX FIGURENT DANS LE LIVRE

Didelphodon
« Deux dents de sabre »
Longueur : 1 m
Petit mammifère carnivore.

Dromaeosaurus
« Lézard qui court »
Longueur : 1,8 m
Petit dinosaure carnivore, il a une griffe recourbée sur le gros orteil de ses deux pattes arrière.

Stegoceras
« Dôme cornu »
Longueur : 2 m
Petit dinosaure herbivore. Son crâne est très épais, formant un dôme osseux.

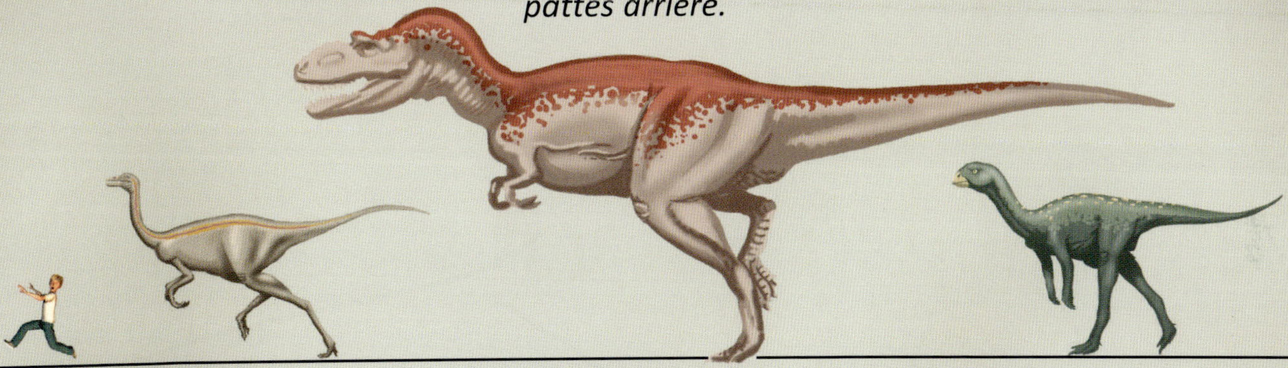

Ornithomimus
« Imitateur d'oiseaux »
Longueur : 4,6 m
Dinosaure carnivore rapide doté d'une mâchoire en forme de bec, mais sans dents.

Daspletosaurus
« Lézard effrayant »
Longueur : 8,5 m
Gros dinosaure carnivore pourvu de deux bras courts et pesant près de 3 tonnes.

Thescelosaurus
« Lézard merveilleux »
Longueur : 4 m
Dinosaure herbivore rapide doté d'un bec de perroquet.

Parasaurolophus
« Lézard à crête parallèle »
Longueur : 10 m
Dinosaure herbivore dont la tête est surmontée d'une longue crête en forme de tube.

Alamosaurus
« Lézard d'Alamo »
Longueur : 21 m
Dinosaure herbivore gigantesque pesant 27 tonnes.

Ankylosaurus
« Lézard rigide »
Longueur : 10 m
Dinosaure cuirassé. Sa queue se termine par des plaques osseuses formant une massue.

GLOSSAIRE

Paître : manger de l'herbe et des feuilles poussant au niveau du sol.
Carnivore : animal qui se nourrit de chair, de viande.
Période du crétacé : époque géologique (146–65 millions d'années).
Fossile : vestige d'une plante ou d'un animal pétrifié au fil du temps.
Proie : animal capturé puis mangé par un autre animal.
Ravin : vallée étroite et profonde, aux versants raides.
Herbivore : qui se nourrit exclusivement d'herbe et de plantes.
Cuirassé : couvert d'une matière dure et protectrice, comme une carapace.

POUR EN SAVOIR PLUS

QUELQUES SITES INTERNET EN FRANÇAIS :

Dinosauriens et reptiles de l'ère secondaire.
www.dinosauriens.info

À la rencontre des dinosaures.
www.dinosaures-web.com

Dinosaures de France.
www.jurassic-world.com

Dino News.
www.dinonews.net

Les Dinosaures.
www.les-dinosaures.jimdo.com

Au temps des dinosaures.
www.lesdinos.free.fr

QUELQUES MUSÉES ET PARCS D'ATTRACTIONS EN FRANCE :

- Muséum national d'histoire naturelle, 75005 Paris.
- Musée-parc des Dinosaures, 34140 Mèze.
- Dinosauria, Musée des Dinosaures, 11260 Espéraza.
- La Forêt aux Dinosaures, 09290 Le Mas-d'Azil.
- Dino-Zoo, 25620 Charbonnières les Sapins.
- Aven Marzal, 07700 Saint-Remèze.

QUELQUES LIVRES :

Sur la terre des Dinosaures, Tim Haines. Time-Life/BBC.
Encyclopédie des Dinosaures, Paul Barrett, Casterman.
Le grand livre des Dinosaures, Mike Benton, Rouge & Or.
J'observe les Dinosaures, Claude Delafosse, Gallimard.
Dino Géant, pop-up, Rachel Williams, Casterman.
Le temps des Dinosaures, David Lambert, Gallimard.

QUELQUES FILMS :

Sur la terre des Dinosaures, Tim Haines. BBC (7 DVDs).
Le choc des Dinosaures, Discovery Channel (2 DVDs).
Jurassic Park I, II & III, Stephen Spielberg (3 DVDs).
King Kong, Peter Jackson (1 DVD).
Dinosaure, Walt Disney (1 DVD).